# BEI GRIN MACHT SICH IHR WISSEN BEZAHLT

Marcel Loos, Ahmed El Tahan, Joanna Odoj

# Simulation eines Netzwerks mit COMNET III

GRIN Verlag

**Bibliografische Information der Deutschen Nationalbibliothek:**

Die Deutsche Bibliothek verzeichnet diese Publikation in der Deutschen National-
bibliografie; detaillierte bibliografische Daten sind im Internet über http://dnb.d-
nb.de/ abrufbar.

Dieses Werk sowie alle darin enthaltenen einzelnen Beiträge und Abbildungen
sind urheberrechtlich geschützt. Jede Verwertung, die nicht ausdrücklich vom
Urheberrechtsschutz zugelassen ist, bedarf der vorherigen Zustimmung des Verla-
ges. Das gilt insbesondere für Vervielfältigungen, Bearbeitungen, Übersetzungen,
Mikroverfilmungen, Auswertungen durch Datenbanken und für die Einspeicherung
und Verarbeitung in elektronische Systeme. Alle Rechte, auch die des auszugsweisen
Nachdrucks, der fotomechanischen Wiedergabe (einschließlich Mikrokopie) sowie
der Auswertung durch Datenbanken oder ähnliche Einrichtungen, vorbehalten.

**Impressum:**

Copyright © 2001 GRIN Verlag GmbH
Druck und Bindung: Books on Demand GmbH, Norderstedt Germany
ISBN: 978-3-640-50272-1

**Dieses Buch bei GRIN:**

http://www.grin.com/de/e-book/381/simulation-eines-netzwerks-mit-comnet-iii

# Simulation eines Netzwerkes

## mit

# COMNET III

Dokumentiert im Rahmen der Lehrveranstaltung „*Modellierung und Simulation*" von

Ahmed El Tahan
Joanna Odoj
Marcel Loos

# Inhaltsverzeichnis

# 1. Aufgabenstellung

Im Verlauf Simulation soll ein Netzwerk mit der Simulationssoftware COMNET III simuliert werden, wobei bei jedem Simulationslauf bestimmte Parameter geändert werden.

Der allgemeine Netzwerkaufbau gestaltet sich wie folgt:

   ?? 1 Server
   ?? 1 Client
   ?? Ethernet (10 Mbit/s)

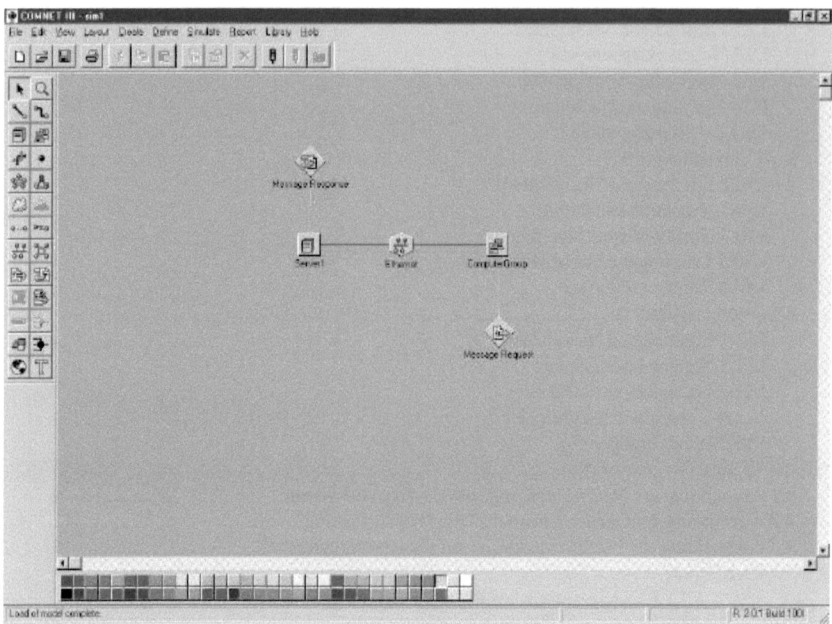

Die Simulation soll die folgenden Fragen klären:

1. Welche Auswirkungen hat die Nachrichtengröße auf die Ausnutzung der Bandbreite des Ethernets bzw. wie fern beeinflußt es die Ausnutzung der Bandbreite?
2. Welche Auswirkungen hat die Änderung Anz      ahl der Clients auf die Ausnutzung der Bandbreite des Ethernets bzw. in wie fern beeinflußt es die Ausnutzung der Bandbreite?
3. Welche zeitlichen Auswirkungen hat die Nachrichtengröße bezüglich der Übertragung?
4. Welche zeitlichen Auswirkungen hat die Änderung      der Anzahl der Clients bezüglich der Übertragung?
5. Welche zeitliche Auswirkung hat die Nachrichtengröße auf den Transport von Frames?
6. Welche zeitlichen Auswirkungen hat die Änderung der Anzahl der Clients bezüglich des Transports von Frames?

# 2. Versuchsaufbau

## 2.1 Allgemein

Wie eingangs bereits erwähnt, handelt es sich bei dem Netzwerkaufbau um ein sehr einfaches System, bestehend aus einem Server und einen Client. Beide sind durch eine 10 Base T (10 Mbit/s) Verkabelung miteinander vernetzt. Auf beiden Sys        temen läuft eine Applikation die von Seiten des Client eine Nachricht über das Netzwerk zum Server schickt und dieser jede eingehende Nachricht quittiert.
Es werden im Vorfeld der Simulation folgende Vereinbarungen bzw. Einstellungen getroffen, die sofern    in den einzelnen Versuchsläufen nicht anders angegeben, für alle Versuche gleich sind:

| Hardware: | Anzahl Server: | 1 |
| --- | --- | --- |
| | Anzahl Client(s): | 1 |
| | Netzwerk: | Ethernet (10 Base T) |

| Nachrichtenquelle: | Ziel: | Server |
| --- | --- | --- |
| | Einheit(en): | Byte(s) |
| | Senden: | im Durchschnitt alle 4 Sekunden |

| Nachrichtenquittung: | Nachrichtentext: | Kopieren des Nachrichtennamens |
| --- | --- | --- |
| | Einheit(en): | Byte(s) |

## 2.2 Versuchslauf 1

Es werden alle Einstellungen aus    Abschnitt 2.1    übernommen. Des weiteren werden für die Nachrichtengröße folgende Werte festgelegt:

| Nachrichtenquelle: | min. Größe: | 10 KB |
| --- | --- | --- |
| | max. Größe: | 20 KB |

| Nachrichtenquittung: | min. Größe: | 10 KB |
| --- | --- | --- |
| | max. Größe: | 20 KB |

## 2.3 Versuchslauf 2

| Nachrichtenquelle: | min. Größe: | 10 KB |
| --- | --- | --- |
| | max. Größe: | 70 KB |

| Nachrichtenquittung: | min. Größe: | 10 KB |
| --- | --- | --- |
| | max. Größe: | 70 KB |

## 2.4 Versuchslauf 3

| Nachrichtenquelle: | min. Größe: | 10 KB |
| | max. Größe: | 70 KB |

| Nachrichtenquittung: | min. Größe: | 45 KB |
| | max. Größe: | 70 KB |

## 2.5 Versuchslauf 4

| Nachrichtenquelle: | min. Größe: | 60 KB |
| | max. Größe: | 70 KB |

| Nachrichtenquittung: | min. Größe: | 60 KB |
| | max. Größe: | 70 KB |

## 2.6 Versuchslauf 5

| Nachrichtenquelle: | min. Größe: | 10 KB |
| | max. Größe: | 20 KB |

| Nachrichtenquittung: | min. Größe: | 60 KB |
| | max. Größe: | 70 KB |

## 2.7 Versuchslauf 6

| Nachrichtenquelle: | min. Größe: | 80 KB |
| | max. Größe: | 100 KB |

| Nachrichtenquittung: | min. Größe: | 90 KB |
| | max. Größe: | 100 KB |

## 2.8 Versuchslauf 7

| Hardware: | Clients: | 2 |

| Nachrichtenquelle: | min. Größe: | 10 KB |
| | max. Größe: | 20 KB |

| Nachrichtenquittung: | min. Größe: | 10 KB |
| | max. Größe: | 20 KB |

## 2.9 Versuchslauf 8

| Hardware: | Clients: | 4 |
|---|---|---|

| Nachrichtenquelle: | min. Größe: | 10 KB |
|---|---|---|
| | max. Größe: | 20 KB |

| Nachrichtenquittung: | min. Größe: | 10 KB |
|---|---|---|
| | max. Größe: | 20 KB |

## 2.10 Versuchslauf 9

| Hardware: | Clients: | 8 |
|---|---|---|

| Nachrichtenquelle: | min. Größe: | 10 KB |
|---|---|---|
| | max. Größe: | 20 KB |

| Nachrichtenquittung: | min. Größe: | 10 KB |
|---|---|---|
| | max. Größe: | 20 KB |

## 2.11 Versuchslauf 10

| Hardware: | Clients: | 16 |
|---|---|---|

| Nachrichtenquelle: | min. Größe: | 10 KB |
|---|---|---|
| | max. Größe: | 20 KB |

| Nachrichtenquittung: | min. Größe: | 10 KB |
|---|---|---|
| | max. Größe: | 20 KB |

# 3. Simulationsergebnisse

## 3.1 Allgemein

Nachfolgend sind die von COMNET ermittelten Ergebnisse zu den einzelnen Simulationsläufen aufgelistet. Eine Auswertung der Ergebnisse erfolgt im anschließenden Kapitel. Die dargestellten Ergebnisse wurden 10 Sekunden nach          Beginn der Simulation für die Dauer von 60 Sekunden aufgezeichnet.

## 3.2 Versuchslauf 1

### 3.2.1 Empfangene Nachrichten

| Empfänger | Anzahl | Bezeichnung |
|---|---|---|
| Server | 13 | Nachricht |
| Client | 13 | Nachrichtenquittung |

### 3.2.2 Netzwerkausnutzung

| Netzwerk | Frames | | Übertragungsverzögerung (ms) | | | Ausnutzung |
|---|---|---|---|---|---|---|
| | übertragen | fehlerhaft | Durchschnitt | Veränderung | Maximum | % |
| Ethernet | 261 | 0 | 1.170 | 0.212 | 1.230 | 0.5053 |

### 3.2.3 Nachrichtenverzögerung

| Quelle/ Ziel | Anzahl | Nachrichtenverzögerung (ms) | | |
|---|---|---|---|---|
| | | Durchschnitt | Veränderung | Maximum |
| Server/ Client | 13 | 13.324 | 2.360 | 17.371 |
| Client/ Server | 13 | 12.169 | 1.762 | 15.954 |

### 3.2.4 Übertragene Nachrichten

| Quelle/ Ziel | Anzahl | Nachrichtenverzögerung (ms) | | |
|---|---|---|---|---|
| | | Durchschnitt | Veränderung | Maximum |
| Server/ Client | 13 | 13.324 | 2.360 | 17.371 |
| Client/ Server | 13 | 12.169 | 1.762 | 15.954 |

### 3.2.5 Paketverzögerung

| Quelle/ Ziel | Anzahl der Pakete | | | | Verzögerung (ms) | |
|---|---|---|---|---|---|---|
| | Erzeugt | Übertragen | Wiederholt | Verworfen | Durchschnitt | Maximum |
| Server/ Client | 13 | 13 | 0 | 0 | 12.324 | 16.371 |
| Client/ Server | 13 | 13 | 0 | 0 | 11.169 | 14.954 |

## 3.3 Versuchslauf 2

### 3.3.1 Empfangene Nachrichten

| Empfänger | Anzahl | Bezeichnung |
|---|---|---|
| Server | 13 | Nachricht |
| Client | 13 | Nachrichtenquittung |

## 3.3.2 Netzwerkausnutzung

| Netzwerk | Frames | | Übertragungsverzögerung (ms) | | | Ausnutzung |
|----------|--------|----------|-------------|------------|---------|------------|
| | übertragen | fehlerhaft | Durchschnitt | Veränderung | Maximum | % |
| Ethernet | 633 | 0 | 1.204 | 0.138 | 1.230 | 1.2609 |

## 3.3.3 Nachrichtenverzögerung

| Quelle/ Ziel | Anzahl | Nachrichtenverzögerung (ms) | | |
|--------------|--------|--------------|-------------|---------|
| | | Durchschnitt | Veränderung | Maximum |
| Server/ Client | 13 | 33.797 | 14.174 | 58.032 |
| Client/ Server | 13 | 26.846 | 10.553 | 49.493 |

## 3.3.4 Übertragene Nachrichten

| Quelle/ Ziel | Anzahl | Nachrichtenverzögerung (ms) | | |
|--------------|--------|--------------|-------------|---------|
| | | Durchschnitt | Veränderung | Maximum |
| Server/ Client | 13 | 33.797 | 14.174 | 58.032 |
| Client/ Server | 13 | 26.846 | 10.553 | 49.493 |

## 3.3.5 Paketverzögerung

| Quelle/ Ziel | Anzahl der Pakete | | | | Verzögerung (ms) | |
|--------------|---------|-----------|-----------|----------|--------------|---------|
| | Erzeugt | Übertragen | Wiederholt | Verworfen | Durchschnitt | Maximum |
| Server/ Client | 14 | 14 | 0 | 0 | 34.233 | 56.032 |
| Client/ Server | 13 | 13 | 0 | 0 | 25.846 | 48.493 |

# 3.4 Versuchslauf 3

## 3.4.1 Empfangene Nachrichten

| Empfänger | Anzahl | Bezeichnung |
|-----------|--------|-------------|
| Server | 13 | Nachricht |
| Client | 13 | Nachrichtenquittung |

## 3.4.2 Netzwerkausnutzung

| Netzwerk | Frames | | Übertragungsverzögerung (ms) | | | Ausnutzung |
|----------|--------|----------|-------------|------------|---------|------------|
| | übertragen | fehlerhaft | Durchschnitt | Veränderung | Maximum | % |
| Ethernet | 788 | 0 | 1.206 | 0.138 | 1.230 | 1.5718 |

## 3.4.3 Nachrichtenverzögerung

| Quelle/ Ziel | Anzahl | Nachrichtenverzögerung (ms) | | |
|---|---|---|---|---|
| | | Durchschnitt | Veränderung | Maximum |
| Server/ Client | 13 | 48.259 | 5.906 | 58.346 |
| Client/ Server | 13 | 26.846 | 10.553 | 49.493 |

## 3.4.4 Übertragene Nachrichten

| Quelle/ Ziel | Anzahl | Nachrichtenverzögerung (ms) | | |
|---|---|---|---|---|
| | | Durchschnitt | Veränderung | Maximum |
| Server/ Client | 13 | 48.259 | 5.906 | 58.346 |
| Client/ Server | 13 | 26.846 | 10.553 | 49.493 |

## 3.4.5 Paketverzögerung

| Quelle/ Ziel | Anzahl der Pakete | | | | Verzögerung (ms) | |
|---|---|---|---|---|---|---|
| | Erzeugt | Übertragen | Wiederholt | Verworfen | Durchschnitt | Maximum |
| Server/ Client | 16 | 16 | 0 | 0 | 48.316 | 56.346 |
| Client/ Server | 13 | 13 | 0 | 0 | 25.846 | 48.493 |

# 3.5 Versuchslauf 4

## 3.5.1 Empfangene Nachrichten

| Empfänger | Anzahl | Bezeichnung |
|---|---|---|
| Server | 13 | Nachricht |
| Client | 13 | Nachrichtenquittung |

## 3.5.2 Netzwerkausnutzung

| Netzwerk | Frames | | Übertragungsverzögerung (ms) | | | Ausnutzung |
|---|---|---|---|---|---|---|
| | übertragen | fehlerhaft | Durchschnitt | Veränderung | Maximum | % |
| Ethernet | 1130 | 0 | 1.216 | 0.097 | 1.230 | 2.2734 |

## 3.5.3 Nachrichtenverzögerung

| Quelle/ Ziel | Anzahl | Nachrichtenverzögerung (ms) | | |
|---|---|---|---|---|
| | | Durchschnitt | Veränderung | Maximum |
| Server/ Client | 13 | 54.451 | 2.365 | 58.480 |
| Client/ Server | 13 | 53.289 | 1.759 | 57.062 |

## 3.5.4 Übertragene Nachrichten

| Quelle/ Ziel | Anzahl | Nachrichtenverzögerung (ms) | | |
| --- | --- | --- | --- | --- |
| | | Durchschnitt | Veränderung | Maximum |
| Server/ Client | 13 | 54.451 | 2.365 | 58.480 |
| Client/ Server | 13 | 53.289 | 1.759 | 57.062 |

## 3.5.5 Paketverzögerung

| Quelle/ Ziel | Anzahl der Pakete | | | | Verzögerung (ms) | |
| --- | --- | --- | --- | --- | --- | --- |
| | Erzeugt | Übertragen | Wiederholt | Verworfen | Durchschnitt | Maximum |
| Server/ Client | 17 | 17 | 0 | 0 | 53.321 | 56.480 |
| Client/ Server | 14 | 14 | 0 | 0 | 52.332 | 55.062 |

## 3.6 Versuchslauf 5

### 3.6.1 Empfangene Nachrichten

| Empfänger | Anzahl | Bezeichnung |
| --- | --- | --- |
| Server | 13 | Nachricht |
| Client | 13 | Nachrichtenquittung |

### 3.6.2 Netzwerkausnutzung

| Netzwerk | Frames | | Übertragungsverzögerung (ms) | | | Ausnutzung |
| --- | --- | --- | --- | --- | --- | --- |
| | übertragen | fehlerhaft | Durchschnitt | Veränderung | Maximum | % |
| Ethernet | 697 | 0 | 1.205 | 0.138 | 1.230 | 1.3894 |

### 3.6.3 Nachrichtenverzögerung

| Quelle/ Ziel | Anzahl | Nachrichtenverzögerung (ms) | | |
| --- | --- | --- | --- | --- |
| | | Durchschnitt | Veränderung | Maximum |
| Server/ Client | 13 | 54.451 | 2.365 | 58.480 |
| Client/ Server | 13 | 12.169 | 1.762 | 15.954 |

### 3.6.4 Übertragene Nachrichten

| Quelle/ Ziel | Anzahl | Nachrichtenverzögerung (ms) | | |
| --- | --- | --- | --- | --- |
| | | Durchschnitt | Veränderung | Maximum |
| Server/ Client | 13 | 54.451 | 2.365 | 58.480 |
| Client/ Server | 13 | 12.169 | 1.762 | 15.954 |

## 3.6.5 Paketverzögerung

| Quelle/ Ziel | Anzahl der Pakete | | | | Verzögerung (ms) | |
| | Erzeugt | Übertragen | Wiederholt | Verworfen | Durchschnitt | Maximum |
|---|---|---|---|---|---|---|
| Server/ Client | 17 | 17 | 0 | 0 | 53.321 | 56.480 |
| Client/ Server | 13 | 13 | 0 | 0 | 11.169 | 14.954 |

# 3.7 Versuchslauf 6

## 3.7.1 Empfangene Nachrichten

| Empfänger | Anzahl | Bezeichnung |
|---|---|---|
| Server | 13 | Nachricht |
| Client | 13 | Nachrichtenquittung |

## 3.7.2 Netzwerkausnutzung

| Netzwerk | Frames | | Übertragungsverzögerung (ms) | | | Ausnutzung |
| | übertragen | fehlerhaft | Durchschnitt | Veränderung | Maximum | % |
|---|---|---|---|---|---|---|
| Ethernet | 1600 | 0 | 1.217 | 0.087 | 1.230 | 3.2207 |

## 3.7.3 Nachrichtenverzögerung

| Quelle/ Ziel | Anzahl | Nachrichtenverzögerung (ms) | | |
| | | Durchschnitt | Veränderung | Maximum |
|---|---|---|---|---|
| Server/ Client | 13 | 79.128 | 2.361 | 83.152 |
| Client/ Server | 13 | 72.681 | 3.516 | 80.227 |

## 3.7.4 Übertragene Nachrichten

| Quelle/ Ziel | Anzahl | Nachrichtenverzögerung (ms) | | |
| | | Durchschnitt | Veränderung | Maximum |
|---|---|---|---|---|
| Server/ Client | 13 | 79.128 | 2.361 | 83.152 |
| Client/ Server | 13 | 72.681 | 3.516 | 80.227 |

## 3.7.5 Paketverzögerung

| Quelle/ Ziel | Anzahl der Pakete | | | | Verzögerung (ms) | |
| | Erzeugt | Übertragen | Wiederholt | Verworfen | Durchschnitt | Maximum |
|---|---|---|---|---|---|---|
| Server/ Client | 26 | 26 | 0 | 0 | 65.513 | 81.152 |
| Client/ Server | 26 | 26 | 0 | 0 | 62.289 | 78.227 |

# 3.8 Versuchslauf 7

## 3.8.1 Empfangene Nachrichten

| Empfänger | Anzahl | Bezeichnung |
|---|---|---|
| Server | 28 | Nachricht |
| Client | 28 | Nachrichtenquittung |

## 3.8.2 Netzwerkausnutzung

| Netzwerk | Frames | | Übertragungsverzögerung (ms) | | | Ausnutzung |
|---|---|---|---|---|---|---|
| | übertragen | fehlerhaft | Durchschnitt | Veränderung | Maximum | % |
| Ethernet | 583 | 0 | 1.169 | 0.213 | 1.230 | 1.1273 |

## 3.8.3 Nachrichtenverzögerung

| Quelle/ Ziel | Anzahl | Nachrichtenverzögerung (ms) | | |
|---|---|---|---|---|
| | | Durchschnitt | Veränderung | Maximum |
| Server/ Client | 28 | 13.075 | 2.384 | 17.371 |
| Client/ Server | 28 | 13.263 | 2.175 | 17.440 |

## 3.8.4 Übertragene Nachrichten

| Quelle/ Ziel | Anzahl | Nachrichtenverzögerung (ms) | | |
|---|---|---|---|---|
| | | Durchschnitt | Veränderung | Maximum |
| Server/ Client | 28 | 13.075 | 2.384 | 17.371 |
| Client/ Server | 28 | 13.263 | 2.175 | 17.440 |

## 3.8.5 Paketverzögerung

| Quelle/ Ziel | Anzahl der Pakete | | | | Verzögerung (ms) | |
|---|---|---|---|---|---|---|
| | Erzeugt | Übertragen | Wiederholt | Verworfen | Durchschnitt | Maximum |
| Server/ Client | 28 | 28 | 0 | 0 | 12.075 | 16.371 |
| Client/ Server | 28 | 28 | 0 | 0 | 12.263 | 16.440 |

# 3.9 Versuchslauf 8

## 3.9.1 Empfangene Nachrichten

| Empfänger | Anzahl | Bezeichnung |
|---|---|---|
| Server | 55 | Nachricht |
| Client | 55 | Nachrichtenquittung |

## 3.9.2 Netzwerkausnutzung

| Netzwerk | Frames | | Übertragungsverzögerung (ms) | | | Ausnutzung |
|----------|--------|--------|--------|--------|--------|--------|
| | übertragen | fehlerhaft | Durchschnitt | Veränderung | Maximum | % |
| Ethernet | 1120 | 0 | 1.168 | 0.215 | 1.230 | 2.1647 |

## 3.9.3 Nachrichtenverzögerung

| Quelle/ Ziel | Anzahl | Nachrichtenverzögerung (ms) | | |
|----------|--------|--------|--------|--------|
| | | Durchschnitt | Veränderung | Maximum |
| Server/ Client | 55 | 12.975 | 2.579 | 17.371 |
| Client/ Server | 55 | 12.816 | 2.187 | 17.440 |

## 3.9.4 Übertragene Nachrichten

| Quelle/ Ziel | Anzahl | Nachrichtenverzögerung (ms) | | |
|----------|--------|--------|--------|--------|
| | | Durchschnitt | Veränderung | Maximum |
| Server/ Client | 55 | 12.975 | 2.579 | 17.371 |
| Client/ Server | 55 | 12.816 | 2.187 | 17.440 |

## 3.9.5 Paketverzögerung

| Quelle/ Ziel | Anzahl der Pakete | | | | Verzögerung (ms) | |
|----------|--------|--------|--------|--------|--------|--------|
| | Erzeugt | Übertragen | Wiederholt | Verworfen | Durchschnitt | Maximum |
| Server/ Client | 55 | 55 | 0 | 0 | 11.975 | 16.371 |
| Client/ Server | 55 | 55 | 0 | 0 | 11.816 | 16.440 |

# 3.10 Versuchslauf 9

## 3.10.1 Empfangene Nachrichten

| Empfänger | Anzahl | Bezeichnung |
|----------|--------|--------|
| Server | 119 | Nachricht |
| Client | 119 | Nachrichtenquittung |

## 3.10.2 Netzwerkausnutzung

| Netzwerk | Frames | | Übertragungsverzögerung (ms) | | | Ausnutzung |
|----------|--------|--------|--------|--------|--------|--------|
| | übertragen | fehlerhaft | Durchschnitt | Veränderung | Maximum | % |
| Ethernet | 2486 | 0 | 1.239 | 1.159 | 36.777 | 4.8098 |

## 3.10.3 Nachrichtenverzögerung

| Quelle/ Ziel | Anzahl | Nachrichtenverzögerung (ms) | | |
|---|---|---|---|---|
| | | Durchschnitt | Veränderung | Maximum |
| Server/ Client | 119 | 13.988 | 3.869 | 39.545 |
| Client/ Server | 119 | 14.139 | 5.072 | 47.158 |

## 3.10.4 Übertragene Nachrichten

| Quelle/ Ziel | Anzahl | Nachrichtenverzögerung (ms) | | |
|---|---|---|---|---|
| | | Durchschnitt | Veränderung | Maximum |
| Server/ Client | 119 | 13.988 | 3.869 | 39.545 |
| Client/ Server | 119 | 14.139 | 5.072 | 47.158 |

## 3.10.5 Paketverzögerung

| Quelle/ Ziel | Anzahl der Pakete | | | | Verzögerung (ms) | |
|---|---|---|---|---|---|---|
| | Erzeugt | Übertragen | Wiederholt | Verworfen | Durchschnitt | Maximum |
| Server/ Client | 119 | 119 | 0 | 0 | 12.988 | 38.545 |
| Client/ Server | 119 | 119 | 0 | 0 | 13.139 | 46.158 |

# 3.11 Versuchslauf 10

## 3.11.1 Empfangene Nachrichten

| Empfänger | Anzahl | Bezeichnung |
|---|---|---|
| Server | 253 | Nachricht |
| Client | 253 | Nachrichtenquittung |

## 3.11.2 Netzwerkausnutzung

| Netzwerk | Frames | | Übertragungsverzögerung (ms) | | | Ausnutzung |
|---|---|---|---|---|---|---|
| | übertragen | fehlerhaft | Durchschnitt | Veränderung | Maximum | % |
| Ethernet | 5316 | 0 | 1.257 | 1.328 | 58.926 | 10.2800 |

## 3.11.3 Nachrichtenverzögerung

| Quelle/ Ziel | Anzahl | Nachrichtenverzögerung (ms) | | |
|---|---|---|---|---|
| | | Durchschnitt | Veränderung | Maximum |
| Server/ Client | 253 | 14.430 | 4.284 | 31.679 |
| Client/ Server | 253 | 14.457 | 5.878 | 69.291 |

### 3.11.4 Übertragene Nachrichten

| Quelle/ Ziel | Anzahl | Nachrichtenverzögerung (ms) | | |
|---|---|---|---|---|
| | | Durchschnitt | Veränderung | Maximum |
| Server/ Client | 253 | 14.430 | 4.284 | 31.679 |
| Client/ Server | 253 | 14.457 | 5.878 | 69.291 |

### 3.11.5 Paketverzögerung

| Quelle/ Ziel | Anzahl der Pakete | | | | Verzögerung (ms) | |
|---|---|---|---|---|---|---|
| | Erzeugt | Übertragen | Wiederholt | Verworfen | Durchschnitt | Maximum |
| Server/ Client | 253 | 253 | 0 | 0 | 13.430 | 30.679 |
| Client/ Server | 253 | 253 | 0 | 0 | 13.457 | 68.291 |

# 4. Auswertung der Simulation

In diesem Kapitel erfolgt die Auswertung der Simulationsergebnisse in Bezug auf die im Kapitel 1 gestellten Fragen.

### 4.1 Auswirkung der Nachrichtengröße auf die Netzauslastung

Betrachtet werden hier die Simulationsläufe 1 bis 6. Die angenommenen Nachrichtengrößen beziehen sich auf deren Durchschnitt. Das folgende Diagramm stellt die durchschnittlichen Nachrichtengrößen (KB) pro Versuch graphisch dar:

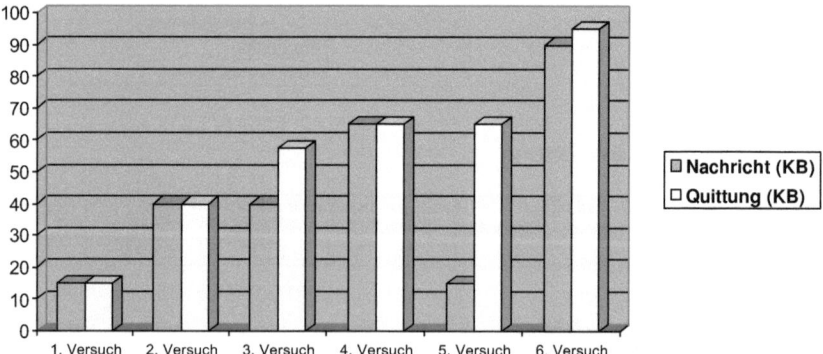

**Abbildung 1**

Die Nachrichtengröße hat folgende Auswirkungen auf die Ausnutzung (%) des Netzes:

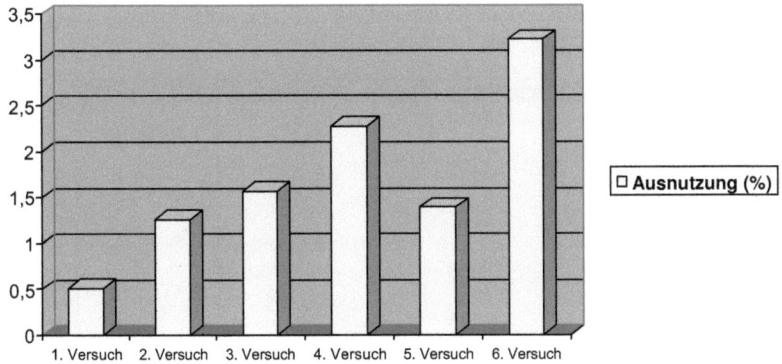

**Abbildung 2**

Wie die Graphik deutlich macht, steigt die proze        ntuale Ausnutzung des Netzes mit der Größe
der Nachrichten. Die Nachrichtengröße wurde in den Versuchen 1 bis 4 stets erhöht,
dementsprechend steigt die Ausnutzung des Netzes. Versuch 5 verringert die
Nachrichtengröße des Clients um 30 KB gegenüber Versuch        4. Die Nachrichtenquittung des
Servers beträgt sowohl im 4. Versuch als auch in 5. Versuch 65 KB. Dieser Unterschied von
30 KB verursacht eine Differenz von 0.884 % in der Ausnutzung des Netzes.

## 4.2 Auswirkung der Client- Anzahl auf die Netzauslastung

Zur Untersuchung werden hier die Versuche 1 und 7 bis 10 verglichen. Wie aus        Kapitel 2
hervorgeht, ändern sich hier nur die Anzahl der Clients. Die Größe der Nachrichten bzw.
deren Quittierungen sind in allen Versuch        en gleich groß und betragen im Durchschnitt 15
KB.

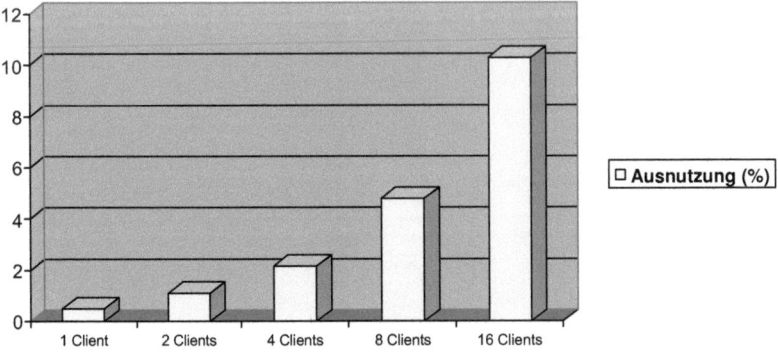

**Abbildung 3**

Erwartungsgemäß steigt mit der Anzahl der Clients auch der Ausnutzungsgrad des Netzes.
Eine Verdopplung der Client    - Anzahl hat nicht zwa        ngsläufig eine Verdopplung der
Netzauslastung zur Folge, wie folgende Tabelle zeigt:

| Versuch | Ausnutzung (%) | Differenz | Differenz (%) |
|---------|----------------|-----------|---------------|
| 1 | 0.5053 | | |
| | | 0.6220 | 55.1761 |
| 7 | 1.1273 | | |
| | | 1.0374 | 47.9235 |
| 8 | 2.1647 | | |
| | | 2.6451 | 54.9940 |
| 9 | 4.8098 | | |
| | | 5.4702 | 53.2121 |
| 10 | 10.280 | | |

Der Anstieg der Ausnutzung ist damit nicht linear (Abbildung 4).

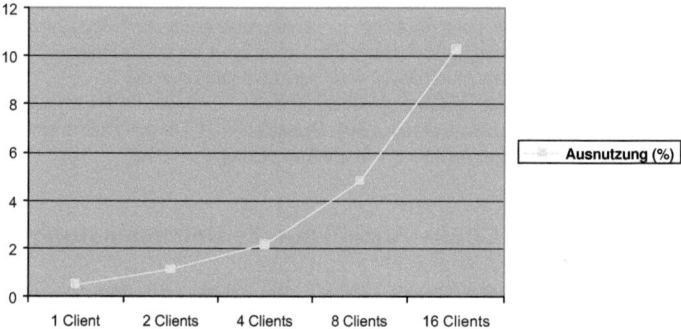

**Abbildung 4**

# 4.3 Auswirkung der Nachrichtengröße auf die Übertragungszeit

In diesem Fall werden wieder die Versuche 1 bis 6 betrachtet, wobei Server und Client getrennt betrachtet werden sollen. Untersucht wird die Übertragung von der Quelle zum Ziel.

## 4.3.1 Server

### 4.3.1.1 Durchschnittliche Übertragungsverzögerung

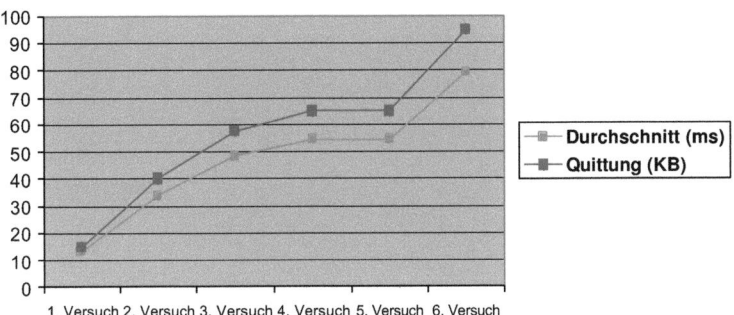

Abbildung 5

Abbildung 5 macht deutlich, dass sich mit zunehmender Na    chrichtengröße auch die durchschnittliche Verzögerungszeit erhöht. Die Veränderungen verlaufen fast parallel.

### 4.3.1.2 Maximale Übertragungsverzögerung

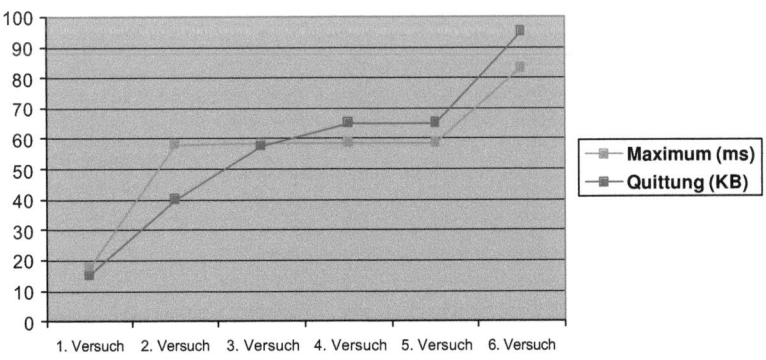

Abbildung 6

Der Verlauf des Graphen für die     maximale Verzögerungszeit der Nachrichten zeigt, dass die
Verzögerung zwischen dem 2. und 5. Versuch nahezu konstant ist. Dagegen wurde die
Nachrichtengröße vom 1. bis 4. Versuch stets erhöht. Versuch 4 und 5 haben sowohl
bezüglich der Nachrichtengröße kon     stante Werte (je 65 KB) als auch in der max.
Verzögerungszeit (je 58,48 ms).

## 4.3.2 Client

### 4.3.2.1 Durchschnittliche Übertragungsverzögerung

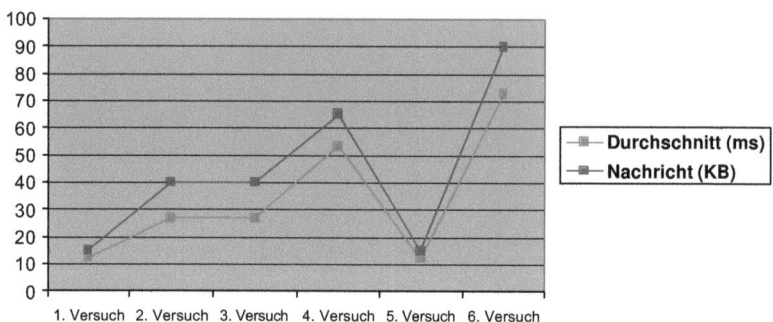

Abbildung 7

Das Verhalten beider Graphen ist ähnlich der Verläufe in Abbildung 5 aus Abschnitt 4.3.1.1.
Auch hier sinkt die durchschnittliche Verzögerungszeit wenn die Nachrichtengröße kleiner
wird bzw. steigt, wenn auch die Nachrichten größer werd en.

### 4.3.2.2 Maximale Übertragungsverzögerung

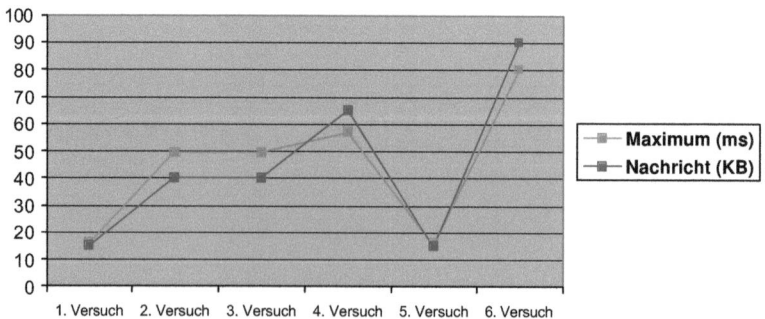

Abbildung 8

Die beiden Graphen verlaufen ähnlich parallel wie in     Abschnitt 4.3.2.1 . Die St  eigung der
maximalen Verzögerungszeit ist zwischen dem 3. und 4. Versuch verhältnismäßig geringer
als die Steigung der Nachrichtengröße.

## 4.4 Auswirkung der Client- Anzahl auf die Übertragungszeit

Betrachtet werden hierzu die Versuchsläufe 1 und 7 bis 10 .

### 4.4.1 Server

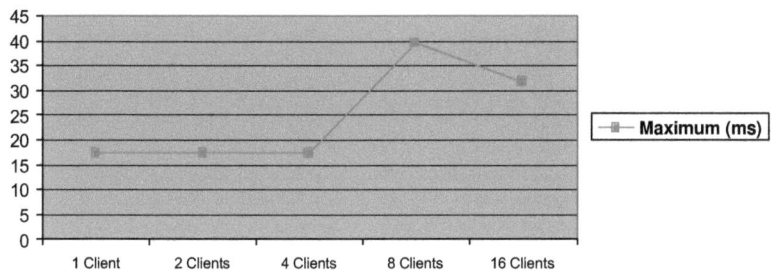

**Abbildung 9**

Die maximale Verzögerung ändert sich bis zu einer Anzahl von 4 Clients nicht, d.h. sie bleibt
konstant. Sind 8 Clients an das Netzwerk angeschlossen, vergrößert sich die                    max.
Verzögerungszeit einer Nachricht vom Server zum Client um mehr als das Doppelte von
17,371 ms auf 39,545 ms. Wird die Anzahl der Clients wiederum verdoppelt, d.h. auf 16
erhöht, verringert sich die Verzögerungszeit minimal auf 31,679 ms.

### 4.4.2 Client

Im Gegensatz zu den Nachrichten vom Server zum Client ändern sich die Werte der
Verzögerungszeit der Nachrichten vom Client zum Server von Beginn an.

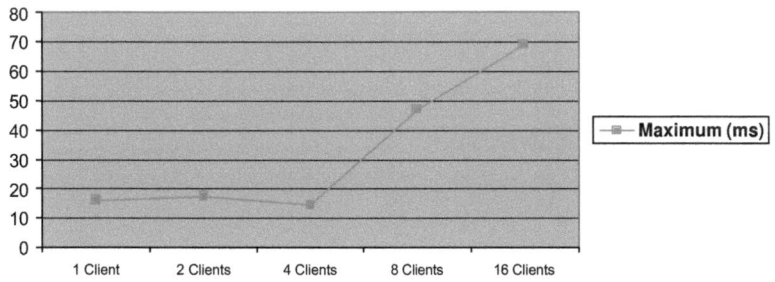

**Abbildung 10**

Abbildung 10 macht deutlich,   dass bereits die anfängliche Verdopplung auf 2 Clients eine geringe Vergrößerung der max. Verzögerungszeit hat. Bei erneuter Verdoppelung der Clientanzahl geht dieser Wert wieder zurück. Er ist sogar geringer, als der Ausgangswert mit 1 Client im Netz. Wir   d die Anzahl der Clients von 4 auf 8 erhöht, steigt die Verzögerungszeit um mehr als das 3fache. Die nächste Verdoppelung die Clientanzahl hat wiederum eine Vergrößerung der Verzögerungszeit zur Folge, wenn auch nicht so extrem wie zuvor.

## 4.5 Auswirkung der Nachrichtengröße auf Frames (zeitlich)

### 4.5.1 Durchschnittliche Übertragungsverzögerung

Durch graphischen Darstellung der verschiedenen Nachrichtengrößen soll hier wieder Abbildung 1 aus Abschnitt 4.1 dienen.
Die Auswertung beider Diagramme ergibt, dass sich mit zunehmender Nachrichtengröße ebenfalls die durchschnittliche Übertragungsverzögerung der Frames erhöht. Die zeitlichen Unterschiede sind jedoch sehr gering, was aus der graphischen Darstellung (Abbildu   ng 11) nicht sofort ersichtlich ist. So beträgt die Übertragungsverzögerung im 1. Versuch 1,17 ms und im 6. Versuch 1,217 ms, d.h. eine Differenz von „nur" 0,047 ms.

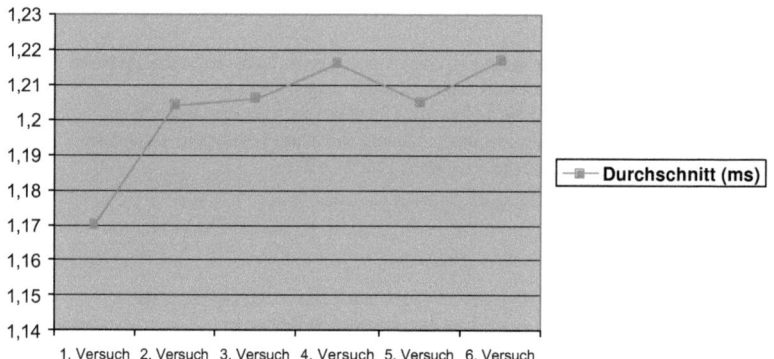

**Abbildung 11**

### 4.5.2 Maximale Übertragungsverzögerung

Im Gegensatz zur durchschnittlichen Übertragungsverzögerung bleiben hier die Werte konstant bei 1,23 ms.

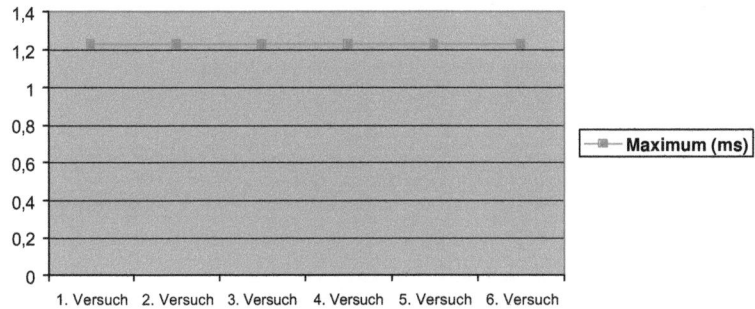

**Abbildung 12**

# 4.6 Auswirkung der Client- Anzahl auf Frames (zeitlich)

## 4.6.1 Durchschnittliche Übertragungsverzögerung

Die Werte verzeichnen hier einen fast konstanten Wert von ca. 1,169 ms der Verzögerung im Bereich bis 4 Clients. Bei der Verdopplung von 4 auf 8 Clients steigt die Verzögerungszeit minimal von 1,168 ms auf 1,239 ms. Der Anschluß von 16 Clients an das Netz hat wieder einen minimalen Anstieg der Verzögerungszeit zur Folge (Abbildung 13).

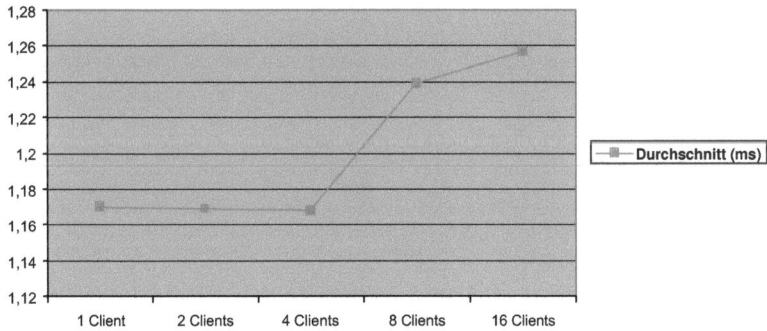

**Abbildung 13**

## 4.6.2 Maximale Übertragungsverzögerung

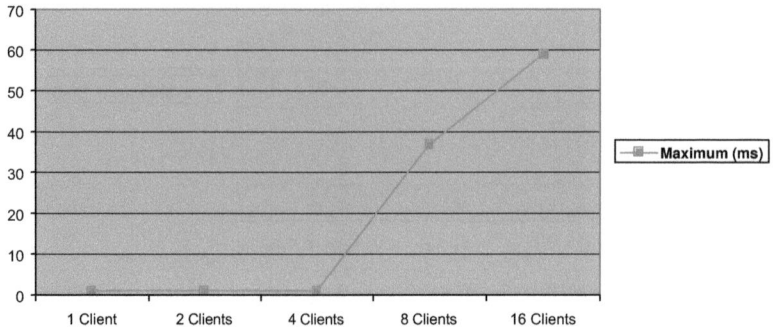

Ähnlich wie in    Abschnitt 4.5.2  sind die Werte bis zur Anzahl von 4 Clients konstant bei        1,23 ms. Bei der Verdopplung auf 8 Clients steigt die max. Verzögerungszeit um das fast 30fache auf 36,777 ms an. Dieser Anstieg setzt sich bei weiterer Erhöhung der Clientanzahl weiter auf 58,926 ms fort.